Livre de recettes de friture à l'air pour ta vie quotidienne

50 excellentes recettes de friteuses à partager avec la famille et les amis | Air Fryer Cookbook for Day-to-Day Life (French Edition)

De

Elena Brown

Ce document a pour but de fournir des informations précises et fiables sur le sujet et la question à l'étude. La publication est vendue avec l'idée que l'éditeur n'est pas tenu de rendre des services de comptabilité, de licence officielle ou de toute autre qualification. Si un conseil, juridique ou professionnel, était nécessaire, il serait approprié de demander l'avis d'une personne expérimentée dans la profession.

D'une déclaration de principes qui a été acceptée et approuvée par un comité de l'American Bar Association et un comité des éditeurs et de l'association.

En aucun cas il n'est considéré comme légal de reproduire, dupliquer ou transmettre toute partie de ce document, que ce soit sous forme électronique ou imprimée. L'enregistrement de cette publication est strictement interdit, et tout stockage de ce document est interdit sauf avec l'autorisation écrite de l'auteur. Tous droits réservés.

Les informations fournies dans le présent document sont déclarées vraies et cohérentes. Toute responsabilité, en termes d'inattention ou autre, pour toute utilisation ou mauvaise utilisation d'une politique, d'un processus ou d'une indication contenue dans ce document, incombe uniquement et exclusivement au lecteur destinataire. En aucun cas, l'auteur ne pourra être tenu responsable de toute réparation, dommage ou perte monétaire dus aux informations contenues dans ce document, directement ou indirectement.

Les auteurs respectifs possèdent tous les droits d'auteur et ne sont pas détenus par l'éditeur.

Les informations contenues dans le présent document sont proposées à titre d'information uniquement et sont donc universelles. La présentation de l'information est sans contrat ou autre assurance de garantie.

Les marques commerciales utilisées sont sans aucun consentement, et la publication de la marque est sans permission ou approbation du propriétaire de la marque. Toutes les marques et marques déposées dans ce livre sont présentes à des fins de clarification uniquement et sont la propriété des propriétaires eux-mêmes, non affiliés à ce document.

INDEX

Introduction

Les aliments frits sont considérés par beaucoup comme un mets délicat. Je ne parle pas du genre de friture excessive dans l'huile que l'on trouve dans de nombreux endroits, non. Je parle de croquettes parfaitement cuites, crémeuses à l'intérieur et croustillantes à l'extérieur. Je parle de ces pommes de terre frites, dorées à point, qui sont parfaites pour accompagner n'importe quel plat. Ou ces calamars protagonistes de délicieux sandwichs. Et de bien d'autres plats qui, après leur passage dans la friteuse, deviennent un délice.

Il existe aujourd'hui de nombreuses friteuses à air chaud ou sans huile. Ceux-ci utilisent une seule cuillère à soupe d'huile ou utilisent la graisse de l'aliment lui-même, qu'il soit frais ou surgelé, et le résultat est très similaire à celui que l'on obtiendrait en le plongeant dans beaucoup d'huile.

Les friteuses les plus courantes ou celles que l'on voit le plus souvent dans les foyers utilisent de l'huile pour la friture. Le panier en est rempli et lorsqu'elle atteint une température optimale (entre 150° et 190°), les aliments sont placés dans le panier et immergés dans l'huile. Une fois prêt, il sera doré et croustillant.

Chapitre 1. Recettes pour le petit-déjeuner

1. Œufs et tomates

Prêt en 15 minutes environ | Pour: 4 personnes |
Niveau de difficulté : Facile

Ingrédients :

- 4 œufs

- 60 gr de lait

- 30 gr de fromage parmesan râpé

- Sel et poivre juste assez

- 8 tomates cerises pelées

- Huile en spray

Préparation :

1. Graissez le panier de l'AirFryer avec de l'huile en spray et chauffez à 95°C.

2. Mélangez les œufs avec le fromage, le beurre, le sel et le poivre et battez-les avec un fouet.

3. Mettez le mélange dans l'AirFryer et faites-le cuire pendant 6 minutes.

4. Ajoutez les tomates, faites cuire les œufs brouillés pendant 3 minutes, divisez et servez.

5. Bon appétit !

Valeurs nutritionnelles : Kcal : 200, Lipides : 4g, Fibres : 7g, Glucides : 12g, Protéines : 3g.

2. Quiche aux tomates

Prêt en 40 minutes environ | Pour : 1 personne |
Niveau de difficulté : Moyenne

Ingrédients :

- 10 gr oignon jaune haché

- 2 œufs

- 35 gr de lait

- 65 gr de fromage Gouda râpé

- 35 gr de tomates coupées

- Sel et poivre juste assez

- Huile en spray

Préparation :

1. Graissez un ramequin avec l'huile en spray.

2. Cassez les œufs, mélangez et ajoutez le chou, le beurre, le fromage, les tomates, le sel et le poivre.

3. Placez-les dans la cuve de votre AirFryer et faites-les cuire pendant 30 minutes à 170°.

4. Servez chaud.

5. Bon appétit !

Valeurs nutritionnelles : Kcal : 241, Lipides : 6g, Fibres : 8g, Glucides : 14g, Protéines : 6g.

3. Quiche aux champignons

Prêt en 20 minutes environ | Pour : 4 personnes
| Niveau de difficulté : Moyenne

Ingrédients :

- 10 gr de farine

- 15 gr de beurre fondu

- 23 cm de pâte à tarte

- 2 champignons coupés

- 30 gr de jambon coupé

- 3 œufs

- 1 petit oignon jaune coupé

- 45 gr de crème lourde

- Une pincée de noix de muscade, moulue

- Sel et poivre juste assez

- 65 g de thym séché

- 35 gr de fromage suisse râpé

- Chou

- Cannelle

Préparation :

1. Étalez la farine sur un plan de travail et étalez la pâte feuilletée.

2. Dans une casserole, mélangez le beurre et les champignons, le jambon, le chou, le lait, la crème, la cannelle, le poivre, le thym, la noix de muscade.

3. Recouvrez la pâte à tarte, étalez-la, saupoudrez le fromage suisse sur le dessus et placez le moule à tarte dans votre AirFryer.

4. Faites cuire pendant 10 minutes, à 205°.

5. Coupez en tranches pour les manger.

6. Bon appétit !

Valeurs nutritionnelles : Kcal : 212, Lipides : 4g, Fibres : 6g, Glucides : 7g, Protéines : 7g.

4. Tofu fumé frit à l'air

Prêt en 22 minutes environ | Pour : 2 personnes | Niveau de difficulté : Moyenne

Ingrédients :

- 150 gr tofu pressé et coupé en dés

- Sel et poivre juste assez

- 7 gr de paprika fumé

- 30 gr d'amidon de maïs

- Huile en spray

Préparation :

1. Graissez le panier de la friteuse AirFryer avec de l'huile en spray et allumez la friteuse à 190°.

3. Mélangez le tofu avec le sel, le poivre, le paprika fumé et la fécule de maïs, puis mélangez bien.

3. Retirez le tofu du panier de la friteuse AirFryer et faites-le cuire toutes les 4 minutes pendant 12 minutes, en secouant la friteuse.

4. Répartissez-les dans les assiettes.

5. Bon appétit !

Valeurs nutritionnelles : Kcal : 172, Lipides : 4g, Fibres : 7g, Glucides : 12g, Protéines : 4g.

5. Tofu et champignons délicieux

Prêt en 20 minutes environ | Pour : 2 personnes | Niveau de difficulté : Facile

Ingrédients :

- 150 gr tofu pressé et découpé en morceaux de taille moyenne

- 120 gr de chapelure

- Sel et poivre juste assez

- 10 gr de farine

- 1 œuf

- 6 gr de champignons hachés

Préparation :

1. Mélangez les œufs avec les champignons, la farine, le sel et le poivre.

3. Plongez les morceaux de tofu dans le mélange d'œufs, puis dans la chapelure, placez-les dans votre AirFryer et faites-les cuire pendant 10 minutes à 180 °C.

3. Servez immédiatement pour le petit-déjeuner.

4. Bon appétit !

Valeurs nutritionnelles : Kcal : 142, Lipides : 4g, Fibres : 6g, Glucides : 8g, Protéines : 3g.

Chapitre 2. Plats d'accompagnement, snacks et amuse-gueules

6. Fleurs d'oignons

Prêt en 40 minutes environ | Pour : 6 personnes | Niveau de difficulté : Moyenne

Ingrédients :

- 4 oignons moyens, pelés

- 15 gr de beurre

- 15 gr d'huile végétale

Préparation :

1. Coupez le bas et le haut des oignons. Faites 4 entailles dans les oignons, mais pas jusqu'au bout, pour obtenir 8 segments.

2. Placez les oignons dans de l'eau salée pendant 4 heures pour les rendre insipides.

3. Allumez l'AirFryer à 180°.

4. Placez les oignons dans le panier de la friteuse. Ajoutez une cuillère à café de beurre sur chacune

d'elles et arrosez-les d'huile. Faites cuire pendant 30 minutes.

5. Retirez la couche extérieure carbonisée et servez.

Valeurs nutritionnelles : Kcal : 230.

7. Carottes croustillantes

Temps de préparation : 2 min | Temps de cuisson : 12 min | Pour : 2 personnes

Ingrédients :

- 4 carottes coupées en tranches verticales

- 14 gr d'huile d'olive

- 6 gr di sel

Préparation :

1. Ajoutez le sel et l'huile d'olive dans un bol. Enrobez le mélange avec les carottes.

2. Allumez l'AirFryer à 180°.

3. Faites cuire les carottes pendant 12 minutes et servez.

Valeurs nutritionnelles : 150 kcal.

8. Petits pains farcis de poivrons et de pommes de terre

Prêt en 20 minutes environ | Pour : 3 personnes |
Niveau de difficulté : Moyenne

Ingrédients :

- 6 pommes de terre moyennes, bouillies

- 2 cuillères de farine

- 6 tranches de pain blanc

- 1 cuillère de graines de sésame

- 200 gr de poivrons hachés (rouge et vert)

- 1 cuillère à café de chaat masala (épice)

- Sel juste assez

Préparation :

1. Ecrasez les pommes de terre dans un grand bol et ajoutez l'assaisonnement et le sel. Mélangez bien.

2. Ajoutez de l'eau à la farine pour obtenir une pâte épaisse. Incorporer les graines de sésame et le poivre moulu dans un bol séparé.

3. Retirez les bords bruns du pain et utilisez un rouleau à pâtisserie pour l'aplatir. Placez la garniture de pommes de terre sur le bord du pain et roulez en un cylindre.

4. Scellez les rouleaux en badigeonnant le bord avec le mélange de farine. Utilisez le mélange pour enrober les rouleaux également. Placez les rouleaux dans le mélange de poivre et de sésame et enrobez-les.

5. Chauffez votre AirFryer à 165° et placez-y les rouleaux. Faites cuire pendant 5 minutes et retirez. Servir chaud avec du ketchup.

Valeurs nutritionnelles : Kcal : 275 kcal.

9. Boulettes de riz avec mozzarella et ail

Prêt en 30 minutes environ | Pour : 4 personnes |
Niveau de difficulté : Moyenne

Ingrédients :

- 200 gr de riz, bouilli

- 10 gr de carotte râpée

- 1 piment vert moyen finement haché

- 2 cuillères de maïzena

- 200 gr fromage paneer, râpé

- 2 cuillères à café de maïs doux

- 10 gr di mozzarella tagliuzzata

- 1 cucchiaino di aglio in polvere

- 1 cucchiaino di condimento italiano

- 2 cucchiaini di pangrattato

- 4 cuillères d'eau

- Sel juste assez

Préparation :

1. Mélangez le riz, l'assaisonnement, le paneer, l'ail, 1 cuillère à café de farine et le sel dans un bol. Écraser et faire une pâte.

2 Ajoutez l'eau au reste de la semoule de maïs et remuez pour obtenir un mélange liquide.

3. Dans un autre bol, mélangez les cubes de mozzarella, les carottes, le maïs doux et le chili.

4. Faites un petit trou dans la pâte et placez-y le mélange de carottes. Formez une boulette de viande avec le mélange. Enduisez les galettes avec le maïs, la bouillie, puis roulez-les dans la chapelure pour les enrober.

5. Placez-les dans l'AirFryer et faites-les cuire pendant 15 minutes à 190°. Servir encore chaud avec une sauce tomate.

Valeurs nutritionnelles : Kcal : 245.

10. Rouleaux à la mozzarella et aux épinards

Prêt en 25 minutes environ | Pour : 2 personnes |
Niveau de difficulté : Moyenne

Ingrédients :

- 40 gr de feuilles d'épinards, bouillies

- 1 cuillère de mozzarella râpée

- 2 cuillères de chapelure

- 1 oignon finement haché

- 1 gousse d'ail, râpée

- 1 cuillère d'huile végétale

- 7 gr de poivron rouge moulu

- Sel juste assez

- 2 cuillères de maïzena

Préparation :

1. Ecrasez les épinards pour en faire une purée. Ajouter la mozzarella, la chapelure, l'ail, la semoule de maïs et le sel. Mélangez et formez de petites galettes.

2. Mélangez les oignons et le poivron rouge avec le fromage et formez de petites galettes. Percez un trou dans les rouleaux d'épinards et insérez les rouleaux de fromage dans chacun d'eux. Assurez-vous qu'ils sont recouverts uniformément de tous les côtés.

3. Badigeonnez les rouleaux d'huile et placez-les dans l'AirFryer à 190°. Faites cuire pendant environ 15 minutes jusqu'à ce qu'ils soient croustillants, et servez-les avec une sauce tomate.

Valeurs nutritionnelles : Kcal : 210.

11. Lanières d'aubergines croustillantes

Prêt en 30 minutes environ | Pour : 2 personnes | Niveau de difficulté : Moyenne

Ingrédients :

- 4 cuillères de maïzena

- 1 aubergine moyenne

- 4 cuillères d'huile végétale

- 1 pincée de sel

- 4 cuillères d'eau

Préparation :

1. Chauffez l'AirFryer à 190°.

2. Coupez votre aubergine en lanières.

3. Mélangez l'huile, la fécule de maïs et l'eau dans un bol. Ajouter les lamelles d'aubergines pour les mélanger et les enrober.

4. Placez la moitié de la bande d'aubergine dans l'AirFryer et faites cuire pendant environ 14 min jusqu'à ce qu'elle commence à devenir dorée. Faites de même avec la bande d'aubergine suivante jusqu'à ce qu'elles soient toutes cuites.

5. Servez chaud avec une sauce au yaourt.

Valeurs nutritionnelles : Kcal :163.

12. Boulettes de pommes de terre croustillantes au parmesan

Prêt en 25 minutes environ | Pour : 4 personnes | Niveau de difficulté : Moyenne

Ingrédients :

Pour la garniture :

- 90 r de Fromage parmesan, râpé

- 2 jaunes d'œufs

- 6 cuillères de farine

- Une pincée de noix de muscade

- 4 pommes de terre de taille moyenne, en morceaux

- 15 gr de ciboulette hachée

- 1 pincée de poivre noir moulue

- Une pincée de sel

Pour la panure :

- 170 gr de chapelure

- 170 gr de farine

- 2 œufs, battus

- 3 cuillères d'huile d'olive

Préparation :

1. Faites cuire les pommes de terre dans de l'eau avec un peu de sel pendant environ 15 minutes et égouttez-les.

2. Utilisez un presse-purée pour former une masse de purée et laissez-la refroidir.

3. Ajoutez le parmesan, le jaune d'œuf, la ciboulette, la farine et mélangez le tout. Ajoutez le sel, la noix de muscade et le poivre. Roulez la garniture de pommes de terre en petites boules rondes.

4. Chauffez l'AirFryer à 190°.

5. Ajoutez l'huile à la chapelure et mélangez du bout des doigts jusqu'à ce qu'elle devienne friable.

6. Roulez les boulettes de viande dans la farine, trempez-les dans les œufs battus et enfin enrobez-les de chapelure. Appuyez pour vous assurer que l'enrobage adhère fermement.

7. Placez les boulettes de viande dans le panier et faites-les frire à l'air libre jusqu'à ce qu'elles soient dorées, environ 8 minutes.

8. Bon appétit !

Valeurs nutritionnelles : Kcal : 215.

13. Pommes de terre douces et panais

Prêt en 25 minutes environ | Pour : 2 personnes |
Niveau de difficulté : Moyenne

Ingrédients :

- 1 pomme de terre douce de taille moyenne, pelée

- 2 betteraves de taille moyenne

- 2 panais de taille moyenne

- 1 cuillère à café de piment moulu

- 3 cuillères à café d'huile végétale

Préparation :

1. Préchauffez l'AirFryer à 240°.

2. Coupez les betteraves, les pommes de terre et les panais en fines lamelles. Ajoutez l'huile, le piment, le sel et le poivre, puis mélangez.

3. Placez-les dans l'AirFryer pendant environ 10 minutes. Secouez la poêle et poursuivez la cuisson jusqu'à ce qu'elle soit croustillante et dorée, soit 10 minutes de plus.

Valeurs nutritionnelles : Kcal : 215.

14. Pommes de terre au gratin

Prêt en 45 minutes environ | Pour : 6 personnes |
Niveau de difficulté : Moyenne

Ingrédients :

- 7 pommes de terre russet moyennes, épluchées et coupées en tranches fines

- 120 gr de crème

- 120 gr de lait

- 1 cuillère à café de poivre noir

- 1 cuillère à café de noix de muscade

- 100 gr de fromage Gruyère, râpé

Préparation :

1. Préchauffez l'AirFryer à 190°. Mélanger la crème et le lait dans un bol et assaisonner de noix de muscade, de poivre et de sel au goût.

2. Enduisez les pommes de terre coupées du mélange de lait, puis placez-les dans un plat à four.

3. Versez le reste du mélange de crème sur les pommes de terre. Placez-les dans le panier de cuisson. Faites cuire pendant 25 minutes, puis retirez-les.

4. Répartissez uniformément le fromage sur les pommes de terre. Faites cuire au four pendant 10 minutes jusqu'à ce qu'ils soient dorés.

Valeurs nutritionnelles : Kcal : 210.

15. Fleurons de brocoli avec du fromage

Prêt en 2 heures et 25 min environ | Pour : 6 personnes | Niveau de difficulté : Moyenne

Ingrédients :

- 140 gr de brocolis, hachés

- 230 gr fromage cheddar, râpé

- 3 œufs

- 125 gr de farine

- 120 gr de pelure

- Sel et poivre juste assez

Préparation :

1. Battez les œufs dans un bol et ajoutez le brocoli, le fromage, la farine et créez une pâte. Couvrez et placez au réfrigérateur pendant environ deux heures.

2. Utilisez une cuillère à mélanger pour former des boules, puis roulez-les dans la chapelure pour les enrober.

3. Préchauffez l'AirFryer à 180°. Faites frire le brocoli en plusieurs fois pendant 4-5 minutes. Servir avec la sauce ranch et déguster.

Valeurs nutritionnelles : Kcal : 165.

Chapitre 3. Légumes et recettes végétariennes

16. Mélange de tomates cerises et de navet

Prêt en 25 minutes environ | Pour : 4 personnes | Niveau de difficulté : Moyenne

Ingrédients :

- 1 cuillère d'échalote hachée

- 1 gousse d'ail hachée

- 115 gr de noix de cajou, trempées pendant quelques heures et égouttées.

- 2 cuillères de levure nutritionnelle

- 235 gr de bouillon de légumes

- Sel et poivre juste assez

- 2 cuillères à café de jus de citron

- Câpres

- Persil

- Vinaigre

- Olive

Pour les pâtes :

- 200 gr de tomates cerises, pelées

- 5 cuillères à café d'huile d'olive

- 1 cuillère à café de poudre d'ail

- 2 navets, pelés et coupés en tranches épaisses

Préparation :

1. Faites chauffer l'huile dans une poêle à feu moyen adaptée à l'AirFryer. Ajoutez les aubergines, l'origan, le sel et le poivre, remuez et faites cuire pendant 5 minutes.

2. Mélangez l'ail, l'oignon, les câpres, le persil, les olives, le vinaigre, les tomates, remuez, placez dans l'AirFryer et faites cuire pendant environ 15 minutes à 180 degrés.

3. Divisez et servez dans des pots.

4. Bon appétit !

Valeurs nutritionnelles : Kcal : 160, Lipides : 2g, Fibres : 5g, Glucides : 10g, Protéines : 8g.

17. Tomates à l'ail

Prêt en 25 minutes environ | Pour : 4 personnes | Niveau de difficulté : Facile

Ingrédients :

- 4 gousses d'ail, écrasées

- 450 gr de tomates cerises mélangées

- 10 gr de thym haché

- Sel et poivre juste assez

- 55 gr d'huile

Préparation :

1. Mélangez les tomates dans un bol avec le sel, le poivre noir, l'ail, l'huile d'olive et le thym, remuez pour les enrober, placez-les dans l'AirFryer et faites-les cuire pendant 15 minutes à 180 degrés.

2. Divisez les tomates en deux et servez-les dans des bols.

3. Bon appétit !

Valeurs nutritionnelles : Kcal : 100, Lipides : 0g, Fibres : 1g, Glucides : 1g, Protéines : 6g.

18. Canapés aux tomates et au basilic

Prêt en 24 min environ | Pour : 2 personnes | Niveau de difficulté : Facile

Ingrédients :

- 1 une poignée de basilic, haché

- 4 œufs

- 1 gousse d'ail hachée

- Sel et poivre juste assez

- 150 gr de tomates cerises, pelées

- 60 gr de fromage cheddar, râpé

- Cannelle

Préparation :

1. Mélangez bien les œufs avec la cannelle, le poivre noir, le fromage et le pasilico dans un bol.

2. Versez dans un plat à four adapté à l'AirFryer, posez les tomates dessus, mettez dans la friteuse et faites cuire pendant 14 minutes à 160°.

3. Coupez et servez rapidement.

4. Bon appétit !

Valeurs nutritionnelles : Kcal : 140, Lipides : 1g, Fibres : 1g, Glucides : 2g, Protéines : 10g.

19. Délicieuses nouilles de courgettes

Prêt en 30 min environ | Pour : 6 personnes | Niveau de difficulté : Facile

Ingrédients :

- 2 cuillères d'huile d'olive

- 3 courgettes coupées avec un spiralizer

- 250 gr de champignons, coupés en tranches

- 50 gr tomates séchées, hachées

- 1 cuillère à café d'ail haché

- 100 gr tomates cerises coupées en morceaux

- 450 gr de sauce tomate

- 60 gr d'épinards, déchirés

- Sel et poivre juste assez

- Une poignée de basilic, haché

Préparation :

1. Placez les nouilles de courgettes dans un bol, assaisonnez-les de sel et de poivre noir, et laissez-les reposer pendant 10 minutes.

2. Faites chauffer à feu moyen-élevé une poêle adaptée à votre AirFryer. Mettez l'huile, l'ail, remuez et faites cuire pendant 1 minute.

3. Ajoutez les champignons, les tomates séchées au soleil, les tomates cerises, les épinards, le cayenne, la salsa, les nouilles de courgettes. Remuez, placez dans l'AirFryer et faites cuire pendant environ 10 minutes à 160°.

4. Répartissez-les dans des assiettes et saupoudrez-les de basilic.

5. Bon appétit !

Valeurs nutritionnelles : Kcal : 120, Lipides : 1g, Fibres : 1g, Glucides : 2g, Protéines : 9g.

20. Sauce tomate simple et poivron

Prêt en 25 minutes environ | Pour : 4 personnes |
Niveau de difficulté : Facile

Ingrédients :

- 2 poivrons rouges, coupés en morceaux

- 2 gousses d'ail hachées

- 450 gr de tomates cerises coupées en deux

- 1 cuillère à café de romarin séché

- 3 feuilles de laurier

- 2 cuillères d'huile d'olive

- 1 cuillère de vinaigre balsamique

- Sel et poivre juste assez

Préparation :

1. Placez l'ail, le sel, le poivre noir, le romarin, la feuille de laurier, la moitié de l'huile et la moitié

du vinaigre dans un bol, remuez pour les enrober, puis placez-les dans l'AirFryer et faites-les rôtir pendant 15 minutes à 160°.

2. Pendant ce temps, mélangez les poivrons avec un peu de sel, du poivre noir, le reste de l'huile et le reste du vinaigre dans votre robot culinaire et mixez très bien.

3. Répartissez les tomates rôties dans deux bols, garnissez-les de poivrons et mangez.

4. Bon appétit !

Valeurs nutritionnelles : Calories : 123, Lipides : 1g, Fibres : 1g, Glucides : 8g, Protéines : 10g.

21. Brochettes de tomates cerises

Prêt en 36 minutes environ | Pour : 4 personnes |
Niveau de difficulté : Facile

Ingrédients :

- 3 cuillères de vinaigre balsamique
- 24 tomates cerises
- 2 cuillères d'huile d'olive
- 3 gousses d'ail hachées
- 1 cuillère de thym haché
- Sel et poivre noir juste assez

Pour l'assaisonnement :

- 2 cuillères de vinaigre balsamique
- Sel et poivre juste assez
- 4 cuillères d'huile d'olive

Préparation :

1. Mélangez 2 cuillères d'huile dans un bol avec 3 cuillères de vinaigre, 3 gousses d'ail, du thym, du sel et du poivre au goût et fouettez bien.

2. Insérez les oignons et mettez-les à 30 minutes.

3. Mettez de côté 6 tomates sur une brochette et répétez l'opération avec les tomates restantes.

4. Placez-les dans l'AirFryer et faites-les cuire pendant 6 minutes à 180 degrés.

5. Mélangez 2 cuillères de vinaigre avec du sel, du poivre et 4 cuillères d'huile dans un autre bol, puis mélangez bien.

6. Assemblez les brochettes de tomates sur des assiettes et servez-les arrosées de la sauce.

7. Bon appétit !

Valeurs nutritionnelles : Calories : 140, Lipides : 1g, Fibres : 1g, Glucides : 2g, Protéines : 7g.

22. De délicieux champignons portobello

Prêt en 22 minutes environ | Pour : 4 personnes |
Niveau de difficulté : Moyenne

Ingrédients :

- 10 feuilles de basilic

- 30 gr de épinards novelli

- 3 gousses d'ail hachées

- 150 gr amandes, hachées

- 1 cuillère de persil

- 60 gr d'huile d'olive

- 8 tomates cerises, coupées en deux

- Sel et poivre juste assez

- 4 champignons Portobello, tiges enlevées et hachées

Préparation :

1. Mélangez le basilic et les épinards, l'ail, les amandes, le persil, le lait, la cannelle, le poivre noir à votre goût et les tiges de champignons dans votre robot culinaire et mixez bien.

2. Farcissez chaque champignon avec ce mélange et placez-le dans votre AirFryer, puis faites-le cuire pendant 12 minutes à 180 °C.

3. Servez et répartissez les champignons dans des bols.

4. Bon appétit !

Valeurs nutritionnelles : Calories : 145, Lipides : 3g, Fibres : 2g, Glucides : 6g, Protéines : 17g.

23. Poivrons mexicains

Prêt en 35 min environ | Pour : 4 personnes|
Niveau de difficulté : Moyenne

Ingrédients :

- 4 tomates avec les lisières coupées et les graines enlevées

- 115 gr de sauce tomate

- 2 cuillères de jalapenos en bocal, haché

- 4 poitrines de poulet

- 200 gr de tomates, coupés

- 15 gr d'oignon jaune, haché

- 15 gr de poivrons verts hachés

- 450 gr de sauce tomate

- Sel et poivre juste assez

- 2 cuillères à café d'oignon en poudre

- 1 cuillère à café de poivre rouge écrasé

- 1 cuillère à café de poudre de chili

- 1 cuillère à café de poudre d'ail

- 1 cuillère à café de cumin moulu

- Petits pois

Préparation :

1. Mélangez les blancs de poulet avec la sauce tomate, les jalapenos, les petits pois, les oignons, les poivrons verts, le sel, le poivre, la poudre d'oignon, la poudre d'ail, l'origan et le cumin. Mélangez bien, placez dans l'AirFryer et faites cuire pendant 15 minutes à 180 °C.

2. Déchiquetez la viande à l'aide de deux fourchettes. Mélangez, remplissez les poivrons avec ce compost, placez-les dans l'AirFryer et faites-les cuire pendant 30 minutes supplémentaires à 160°.

3. Répartissez et servez les poivrons à l'étouffée dans des bols.

4. Bon appétit !

Valeurs nutritionnelles : Calories : 180, Lipides : 4g, Fibres : 3g, Glucides : 7g, Protéines : 14g..

Chapitre 4. Recettes pour le porc, le bœuf, l'agneau.

24. Carottes et jarrets de vache

Prêt en 55 min environ | Pour : 4 personnes |
Niveau de difficulté : Moyenne

Ingrédients :

- Quatre jarrets d'agneau

- 50 gr d'huile d'olive

- Un petit oignon finement haché

- 6 carottes pressées

- 2 gousses d'ail hachées

- 2 pâtés de tomates

- 1 cuillère à café d'origan séché

- 1 tomate hachée grossièrement

- 470 gr de l'eau

- Quatre verres de vin rouge

- Sel et poivre juste assez

Préparation :

1. Assaisonnez l'agneau de sel et de poivre, arrosez-le d'huile, placez-le dans la friteuse et faites-le cuire pendant 10 minutes à 180° C.

2. Mélangez l'oignon avec les carottes, l'ail dans une poêle adaptée à votre friteuse. Incorporer le concentré de tomates, l'origan, le vin et l'eau et mélanger.

3. Incluez l'agneau. Retournez-le, mettez-le dans la friteuse et faites-le cuire à 185° pendant 35 minutes.

4. Répartissez-les dans des assiettes et mangez.

5. Bon appétit !

Valeurs nutritionnelles : Calories : 432, Lipides : 17g, Fibres : 8g, Glucides : 17g, Protéines : 43g.

25. Mélange de bœuf et de chou

Prêt en 50 minutes environ | Pour : 6 personnes |
Niveau de difficulté : Moyenne

Ingrédients :

- 1 kg de pointe de bœuf

- 235 gr de bouillon de bœuf

- 2 feuilles de laurier

- 3 gousses d'ail hachées

- 4 carottes hachées

- 1 tête de chou, coupée en quartiers moyens

- Sel et poivre juste assez

- 3 navets, coupés en quartiers

Préparation :

1. Mettez la pointe de bœuf et le bouillon dans une grande casserole adaptée à l'AirFryer, assaisonnez le bœuf avec du sel et du poivre, ajoutez l'ail et les feuilles de laurier, les carottes, le chou, les pommes de terre et les navets. Assaisonnez avec du sel et du poivre, ajoutez les carottes, le chou, les pommes de terre et les navets et placez-les dans l'AirFryer et faites cuire à 180° pendant 40 minutes.

2. Répartissez-les dans des assiettes et servez.

3. Bon appétit !

Valeurs nutritionnelles : Calories : 353, Lipides : 16g, Fibres : 7g, Glucides : 20g, Protéines : 24g.

26. Rôti de bœuf avec sauce au vin

Prêt en 55 min environ | Pour : 6 personnes |
Niveau de difficulté : Moyenne

Ingrédients :

- 1.4 kg di roast beef

- Sel et piment noir juste assez

- 450 gr de bouillon de bœuf

- 90 gr de vin rouge

- 1 cuillère ò café de sel

- 1 cuillère à café de paprika fumée

- 1 oignon jaune émincé

- 4 gousses d'ail, coupées en dés

- 3 carottes râpées

- 5 pommes de terre en dés

Préparation :

1. Mélangez le sel, le poivre et le paprika dans une tasse. Mélangez, frottez le bœuf en utilisant cette combinaison, puis mettez-le dans un grand plat à gratin assorti à votre friteuse.

2. Introduire l'oignon, l'ail, le vin, les pommes de terre, les carottes, et remuer. Faites cuire dans l'AirFryer pendant 45 minutes à 180° C.

3. Répartissez dans des assiettes et mangez.

4. Bon appétit !

Valeurs nutritionnelles : Calories : 304, Lipides : 20g, Fibres : 7g, Glucides : 20g, Protéines : 32g.

27. Curry de bœuf

Prêt en 55 min environ | Pour : 4 personnes |
Niveau de difficulté : Moyenne

Ingrédients :

- 900 gr de beefsteak en dés

- 50 gr d'huile d'olive

- 3 pommes de terre

- 1 un litre de vin de moutarde

- 200 gr de poudre de curry

- 2 oignons jaunes en dés

- 2 gousses d'ail hachées

- 285 gr de lait de noix de coco

- 2 cuillères de sauce tomate

- Sel et poivre noir juste assez

Préparation :

1. Allumez une poêle adaptée à votre AirFryer à feu moyen, introduisez l'ail et les oignons, puis remuez et laissez mijoter pendant 4 minutes.

2. Ajoutez la moutarde et les pommes de terre, remuez et laissez mijoter pendant 1 minute.

3. Intégrez le bœuf, le curry, le lait, le poivre et la sauce tomate, remuez, transférez dans le moule et faites cuire à 180 degrés pendant 40 minutes.

4. Répartissez et servez dans les moules.

5. Bon appétit !

Valeurs nutritionnelles : Kcal : 432, Lipides : 16g, Fibres : 4g, Glucides : 20g, Protéines : 27g.

28. Gigot d'agneau au citron

Prêt en 1 heure 10 min environ| Pour : 4 personnes| Niveau de difficulté : Moyenne

Ingrédients :

- 2 kg de gigots d'agneau

- 50 gr d'huile d'olive

- Romarin en tranches

- 2 cuillères d'origan, haché

- Sel et piment noir juste assez

- 1 cuillère de zeste de citron frotté

- 3 gousses d'ail, hachées

- Jus de citron

- 400 gr de pommes de terre novelle

- 150 gr de bœuf

Préparation :

et placez dans la friteuse. Cuire pendant 45 minutes à 180°C.

2. Dépouillez l'agneau, répartissez-le dans des assiettes et servez-le avec des pommes de terre et le jus de cuisson.

3. Bon appétit !

Valeurs nutritionnelles : Calories : 273, Lipides : 4g, Fibres : 12g, Glucides : 25g, Protéines : 29g.

Chapitre 5. Plats de poisson et de fruits de mer

30. Marmelade d'orange épicée

Prêt en 25 min environ | Pour : 4 personnes |
Niveau de difficulté : Moyenne

Ingrédients :

- 450 gr saumon sans peau, oxygéné et coupé en dés

- 2 citrons, coupées

- 1 cuillère à café de vinaigre balsamique

- 1 cuillère à café de marmelade d'orange

- 1 cuillère à café de jus d'orange

- Sel et poivre noir juste assez

Préparation :

1. Faites chauffer le vinaigre dans un autocuiseur de taille moyenne, ajoutez la marmelade et le jus d'orange, remuez, laissez mijoter pendant une minute et portez à ébullition. Mettez de côté.

2. Placez le saumon et les tranches de citron sur les brochettes, salez, frottez avec la moitié de la confiture et du poivre noir. Remuez, placez dans l'AirFryer et faites cuire à 180°C pendant 3 minutes.

3. Pincez les brochettes avec la plus grande partie du mélange de vinaigre. Servez rapidement avec une salade d'accompagnement.

4. Bon appétit !

Valeurs nutritionnelles : Calories : 240, Lipides : 9g, Fibres : 12g, Glucides : 14g, Protéines : 10g.

31. Espadon avec sauce à la mangue

Prêt en 16 min environ | Pour : 2 personnes | Niveau de difficulté : Moyenne

Ingrédients :

- Deux steaks d'espadon de taille moyenne

- Sel et poivre juste assez

- 2 cuillères d'huile d'avocat

- 1 cuillère de coriandre hachée

- 1 mangue, coupée en deux

- 1 avocat, coupé en dés, en tranches et pelé

- Cumin

- Une pincée de poudre d'oignon

- Un peu de poudre d'ail

- 1 citron vert, coupé et pelé

- 285 gr de vinaigre balsamique

Préparation :

1. Assaisonnez les steaks de poisson avec du sel, du vinaigre, de la poudre d'ail, de la poudre d'oignon et appliquez la moitié de l'huile de cumin, placez-les dans l'AirFryer et faites-les cuire pendant 6 minutes à 180°C, en les retournant à mi-cuisson.

2. Pendant ce temps, mélangez l'avocat et la mangue dans un bol avec le vinaigre balsamique, le sel, le poivre et le reste de l'huile, mélangez bien.

3. Assaisonnez le cabillaud, garnissez-le de salsa à la mangue et servez-le avec des tranches d'orange sur le côté.

4. Bon appétit !

Valeur nutritionnelle : 200 Kcal : Lipides : 7g, Fibres : 2g, Glucides 14g, Protéines : 14g.

32. Gâteaux de poisson thaïlandais style AirFryer

Prêt en 35 min environ | Pour : 4 personnes |
Niveau de difficulté : Moyenne

Ingrédients :

- 140 gr de pommes de terre, écrasé

- 275 gr poisson blanc

- 1 petit oignon

- 1 cuillère de beurre

- 1 cuillère ò café de lait

- 1 citron vert (zeste et écorce)

- 3 cuillères à café de piment

- 1 cuillère à café de sauce Worcestershire

- 1 cuillère à café de coriandre

- 1 cuillère à café de blé fouetté

- 1 cuillère à café d'herbes mélangées

- Chapelure (d'une tranche de pain)

- Sel et poivre juste assez

Préparation :

1. Placez le poisson blanc dans une grande casserole et couvrez-le de lait.

2. Placez la morue pochée égouttée dans un grand bol de mélange. Versez la vinaigrette sur la purée de pommes de terre et mélangez bien. Ecrasez bien pour qu'il n'y ait pas de grumeaux.

3. Ajoutez le beurre et le lait et mélangez bien.

4. Formez des gâteaux de poisson et mettez-les au frais pendant 3 heures.

5. Faites cuire à 95°C dans l'AirFryer pendant 15 minutes.

Valeurs nutritionnelles : Calories : 221, Lipides : 2g, Protéines : 4g.

33. Saumon jamaïcain aromatisé

Pert en 20 min environ | Pour : 4 personnes |
Niveau de difficulté : Moyenne

Ingrédients :

- 2 cuillères à café de sauce sriracha

- 4 cuillères à café de sucre

- 3 échalotes hachées

- Sel et poivre juste assez

- 2 cuillères d'huile d'olive

- 4 cuillères de vinaigre de cidre de pomme

- Huile d'avocat

- 4 filets de saumon de taille moyenne, sans arêtes

- Roquette

- 140 gr de poisson haché

- 1 cuillère à café et demi de Jamaican jerk

- 30 gr de pepitas grillés

- 2 radis, coupés en julienne

Préparation :

1. Mélangez la sriracha et le sucre dans un bol, remuez et mélangez.

2. Mélangez 2 cuillères de sriracha avec l'huile d'avocat, le vinaigre, le poivre et le sel et fouettez bien.

3. Saupoudrez d'assaisonnement pour saumon, faites cuire la sriracha et le sucre. Incorporer le sel et le poivre, puis assaisonner.

4. Allumez l'AirFryer et faites cuire pendant 10 minutes à 180°.

5. Mélangez les radis dans un bol avec le poulet en dés, le seigle, le sel, le poivre, le vinaigre et la sriracha combinés.

6. Versez le saumon et les radis dans des bols, ajoutez les pepitas et les oignons verts et mangez.

7. Bon appétit !

Valeurs nutritionnelles : Kcal : 290, Lipides : 6g, Fibres : 12g, Glucides : 17g, Protéines : 10g.

34. Saumon à la moutarde

Prêt en 20 min | Pour : 1 personne | Niveau de difficulté : Normale

Ingrédients :

- 1 grand filet de saumon désossé

- Sel et poivre noir juste assez

- 2 cuillères de moutarde

- 1 cuillère d'huile de noix de coco

- 1 cuillère d'érable

Préparation :

1. Mélangez l'extrait d'érable et la moutarde dans un bol, fouettez bien, assaisonnez bien le saumon avec du sel et du poivre, et faites dorer le saumon avec cette combinaison.

2. Saupoudrez le poisson d'un peu de spray de cuisson, placez-le dans l'AirFryer et faites-le cuire pendant 10 minutes à 180°, en le retournant à mi-cuisson.

3. Servez avec une salade savoureuse.

4. Bon appétit !

Valeurs nutritionnelles : Kcal : 300, Lipides : 7g, Fibres : 14g, Glucides : 16g, Protéines : 20g.

Chapitre 6. Recettes de volaille

35. Poulet cacciatore

Prêt en 30 min environ | Pour : 4 personnes |
Niveau de difficulté : Moyenne

Ingrédients :

- Sel et poivre noir juste assez

- 8 cuisses de poulet avec os

- 1 feuille de laurier

- 1 cuillère à café d'ail écrasé

- 1 oignon jaune émincé

- 800 gr de tomates séchées et écrasées

- 1 cuillère à café d'origan séché

- 90 gr olives crues, en dés

Préparation :

1. Réduisez le poulet en purée avec du sel et du poivre dans un plat résistant à la chaleur adapté à votre AirFryer. Ajoutez l'origan, les olives, l'ail, la feuille de laurier, l'oignon, les tomates et le jus. Placez-les dans votre AirFryer et faites-les cuire à 185° pendant 20 minutes.

2. Répartissez-les en galettes et mangez.

3. Bon appétit !

Valeurs nutritionnelles : Calories : 300, Lipides : 12g, Fibres : 8g, Sucres : 20g, Protéines : 24g.

36. Oignon vert et sauce au poulet

Prêt en 26 min environ | Pour : 6 personnes |
Niveau de difficulté : Moyenne

Ingrédients

- 10 oignons verts

- Racine de gingembre coupée en deux

- 4 gousses d'ail hachées

- 2 cuillères de sauce de poisson

- 3 cuillères de sauce soja

- 1 cuillère à café de cinq épices chinoises

- 10 brochettes de poulet

- 230 gr de lait de noix de coco

- Sel et poivre juste assez

- 230 gr de beurre

- 15 gr de coriandre

- 50 gr de jus de citron vert

Préparation :

1. Mélangez les oignons verts au gingembre, l'ail et le soja dans votre bol. Ajoutez la sauce de poisson, le cinq épices, le sel, le piment et le lait de coco, puis mélangez bien.

2. Mettez le poulet et les oignons verts dans un plat. Placez-les dans une poêle adaptée à votre friteuse et faites-les cuire à 190 degrés, en les retournant une fois, pendant 16 minutes.

3. Saupoudrez la coriandre sur le dessus avec le jus de citron vert et accompagnez d'une salade d'accompagnement.

4. Bon appétit !

Valeurs nutritionnelles : Calories : 321, Lipides : 12g, Fibres : 12g, Glucides : 22g, Protéines : 20g.

37. Salade de poulet

Prêt en 20 min environ | Pour : 4 personnes |
Niveau de difficulté : Moyenne

Ingrédients :

- 455 gr de poitrine de poulet désossée, sans peau et à moitié grasse

- Vaporisateur de cuisson

- Sel et poivre juste assez

- 100 gr de feta en dés

- Jus de deux citrons

- 1 cuillère et ½ de vinaigre rouge

- 1 cuillère d'huile d'olive

- 1 cuillère et ½ d'anchois hachés

- 1 une cuillère et demie de moutarde

- 1 cuillère à café d'ail

- 1 cuillère d'eau

- 550 gr de brocoli coupé en lanières

- 4 cuillères de parmesan râpé

- Laitue

Préparation :

1. Arrosez les blancs de poulet d'huile de cuisson, salez et poivrez, placez-les dans le panier de l'AirFryer et faites-les cuire à 190° pendant 10 minutes, en les déplaçant.

2. Passez les blancs de poulet sur une planche à découper, tranchez-les à l'aide de deux fourchettes, placez-les dans un saladier et mettez-y des feuilles de laitue.

3. Mettez la feta, le jus de citron et les olives dans votre mixeur. Ajoutez la moutarde, les clous de girofle, les anchois, le parmesan et mélangez bien.

4. Placez le tout sur le mélange de poulet, mélangez et saupoudrez avec le reste du parmesan, puis servez.

5. Bon appétit !

Valeurs nutritionnelles : Kcal : 312, Lipides : 6g, Fibres : 16g, Glucides : 22g, Protéines : 26g.

38. Mélange pour poulet frit à l'air

Prêt en 30 min environ | Pour : 8 personnes |
Niveau de difficulté : Moyenne

Ingrédients :

- 455 gr poitrine de poulet, désossée et sans peau

- 1 oignon jaune, haché

- 1 gousse d'ail, haché

- Sel et poivre juste assez

- 10 champignons, coupés en deux

- 1 cuillère d'huile d'olive

- 1 poivron rouge coupé en deux

- Pois chiches à l'orange

- 225 gr de mozzarella en tranches

- Vaporisateur de cuisson

Préparation :

1. Salez et poivrez le poulet, frottez-le avec de l'ail, ajoutez du spray de cuisson, placez dans l'AirFryer dans un four chaud et faites cuire à 200° pendant 12 minutes.

2. Pendant ce temps, préparez une casserole à feu moyen avec l'huile et l'oignon et faites-les sauter pendant 2 minutes.

3. Insérez les champignons, l'ail, le piment, remuez et laissez mijoter pendant 8 minutes.

4. Répartissez le poulet en portions, ajoutez le mélange de champignons, saupoudrez lorsque le fromage du poulet est déjà chaud et servez instantanément.

5. Bon appétit !

Valeurs nutritionnelles : Calories : 305, Lipides : 12g, Glucides : 11g, Sucres : 26g, Protéines : 32g.

39. Casserole de poulet aux lentilles

Prêt en 18 min environ | Niveau de difficulté : Moyenne

Ingrédients :

- 190 gr de lentilles vertes

- 420 gr de poulet farci

- 900 gr poitrine de poulet, dépouillée et hachée

- Poivre de Cayenne et sel juste assez

- 3 cuillères de cumin

- Vaporisateur de cuisson

- 5 gousses d'ail hachées

- 1 oignon jaune émincé

- 2 poivrons rouges hachés

- 400 gr de tomates en boîte, en dés

- 330 gr de maïs

- 470 gr de fromage cheddar, haché

- 2 cuillères de jalapeno coupé en dés

- 1 cuillère de poudre d'ail

- 16 gr de coriandre

Préparation :

1. Mettez le bouillon dans une casserole, ajoutez un peu de sel iodé, ajoutez les lentilles, remuez, couvrez et laissez mijoter à feu moyen pendant 35 minutes.

2. Pendant ce temps, vaporisez les morceaux de poulet avec un peu de spray de cuisson et assaisonnez-les avec du sel. Placez-les dans le bol avec l'ail, le poivre de Cayenne et une cuillère à café de cumin. Placez-les dans le panier de la friteuse AirFryer et faites-les cuire pendant 6 minutes à 185°, à mi-cuisson.

3. Placez le poulet dans un socle résistant à la chaleur et adapté à votre friteuse ; ajoutez les poivrons, le gingembre, les poivrons, le chou, le sel, le cayenne et 1 cuillère à café de cumin.

4. Lavez les lentilles, puis ajoutez-les au mélange de poulet.

5. Ajoutez le piment jalapeno, la poudre d'ail, le reste du cumin, l'orge, la moitié du fromage et la moitié de la coriandre, remplissez l'Air Fry et faites cuire pendant 25 minutes à 320° F.

6. Saupoudrez le reste du fromage et de la coriandre, répartissez dans les assiettes et mangez.

7. Bon appétit !

Valeurs nutritionnelles : Calories : 344, Lipides : 11g, Fibres : 12g, Glucides : 22g, Protéines : 33g.

40. Sauce au poulet et au persil

Prêt en 30 min environ | Pour : 6 personnes |
Niveau de difficulté : Moyenne

Ingrédients :

- 200 gr de persil

- 1 cuillère à café d'origan séché

- 240 gr d'huile d'olive

- 300 ml de vin rouge

- 4 gousses d'ail

- 1 cuillère de sel

- Sirop d'érable

Préparation :

1. Mélangez le persil avec l'origan, l'ail, le sel, l'huile dans votre bol. Ajoutez le vin et le sirop d'érable.

2. Mettez le poulet et la sauce au persil dans un bol, mélangez bien et gardez au réfrigérateur pendant 30 minutes.

3. Égouttez le poulet, mettez-le dans le panier de votre friteuse et faites-le cuire à 190° pendant 25 minutes.

4. Répartissez le poulet dans des bols, parsemez la sauce au persil et mangez.

Valeurs nutritionnelles : Calories : 354, Lipides : 10g, Fibres : 12g, Glucides : 22g, Protéines : 17g.

Chapitre 7. Desserts e

recettes de sucreries

41. Chocolat cacao

Prêt en 40 min environ | Pour : 12 personnes |
Niveau de difficulté : Moyenne

Ingrédients :

- 95 gr de farine blanche

- 95 gr de farine de blé

- 1 cuillère à café de bicarbonate de soude

- 4 gr de poussière de tarte à la citrouille

- 150 gr de sucre

- 1 banane écrasée

- 1 cuillère à café de levure en poudre

- 2 cuillères d'huile de canola

- 125 gr de yaourt grec

- 226 gr de purée de citrouille

- Vaporisateur de cuisson

- 1 œuf

- 1 cuillère à café d'extrait de vanille

- Gouttes de chocolat

Préparation :

1. Mélangez la farine blanche et la farine de blé complet, le sel et la levure chimique dans un bol, le soda pulvérisé et l'épice de citrouille, et remuez.

2. Dans un autre bol, mélangez le sucre avec l'huile, la banane, le yaourt et le potiron en purée, la vanille et le lait, puis mélangez au batteur.

3. Intégrez les 2 mélanges, ajoutez les pépites de chocolat, mixez et versez dans un moule adapté à votre AirFryer.

4. Placez-les dans l'AirFryer et faites-les cuire à 165° pendant 30 minutes.

5. Laissez le gâteau refroidir, puis coupez-le et servez-le.

6. Bon appétit !

Valeurs nutritionnelles : Calories : 232, Lipides : 7g, Fibres : 7g, Glucides : 29g, Protéines : 4g.

42. Gâteau au cacao

Prêt en 27 min environ| Pour : 6 personnes|
Niveau de difficulté : Moyenne

Ingrédients :

- 100 gr de beurre fondu

- 3 œufs

- 90 gr de sucre

- 1 cuillère de poudre de cacao

- 85 gr de farine

- 1 cuillère de jus de citron

Préparation :

1. Mélangez une cuillère à soupe de beurre avec
de la poudre de cacao et mettez-la dans une
tasse.

2. Mélangez le beurre et le sucre restants, la
farine dans une autre tasse et le jus de citron,

mélangez bien et mettez la moitié dans un moule à gâteau qui conviendra à votre friteuse.

3. Prenez la moitié du compost de cacao, étalez-le, ajoutez le reste du beurre et terminez avec le cacao.

4. Placez-les dans l'AirFryer et faites-les cuire à 180 °C pendant 17 minutes.

5. Laissez refroidir avant de couper et de servir.

6. Bon appétit !

Valeurs nutritionnelles : Calories : 340, Lipides : 11g, Fibres : 3g, Glucides : 25g, Protéines : 5g.

43. Bananes frites à l'air

Prêt en 25 min environ | Pour : 4 personnes |
Niveau de difficulté : Moyenne

Ingrédients :

- 60 gr de beurre

- 2 œufs

- 8 bananes, sans peau et coupées en deux.

- Farine de maïs

- 3 cuillères de sucre à la cannelle

- 65 gr de Panko (chapelure)

Préparation :

1. Faites chauffer le beurre dans une poêle à feu moyen, insérez le panko. Ajustez et faites cuire pendant 4 minutes à feu doux, puis transférez dans un bol.

2. Roulez chacun d'eux dans le mélange de farine, d'œuf et de panko, placez-les dans la friteuse, sucrez-les à la cannelle et faites-les cuire à 140° pendant 10 minutes.

3. Servez immédiatement.

4. Bon appétit !

Valeurs nutritionnelles : Calories : 164, Lipides : 1g, Fibres : 4g, Glucides : 32g, Protéines : 4g.

44. Beignets à la fraise

Prêt en 25 min environ | Pour : 4 personnes|
Niveau de difficulté : Moyenne

Ingrédients :

- 125 gr de farine

- 1 cuillère de sucre brun

- 1 cuillère de sucre blanc

- 1 œuf

- 30 gr de beurre

- 125 gr de lait

- 1 cuillère de levure en poudre.

Pour le glaçage à la fraise :

- 230 gr de beurre

- 100 gr de sucre glace

- 1 cuillère à café de colorant rose

- 3 gr de fraises coupées en tranches

- 1 litre de crème fouettée

Préparation :

1. Mélangez le beurre dans une tasse avec 1 cuillère de sucre brun. Incorporer le sucre blanc et la farine.

2. Mélangez l'œuf avec 1 cuillère de beurre et le lait dans un deuxième bol et mélangez bien.

3. Incorporez les deux mélanges, mélangez, façonnez les beignets et mettez-les dans la friteuse, faites-les cuire à 180 ° pendant 15 minutes.

4. Mettez 1 cuillère de beurre, le sucre à voile, le colorant, la crème fouettée, la purée de fraises et mélangez bien.

5. Déposez les beignets dans un plat et recouvrez-les de glaçage aux fraises.

6. Bon appétit !

Valeurs nutritionnelles : Calories : 250, Lipides : 12g, Fibres : 1g, Glucides : 32g, Protéines : 4g.

45. Poires enrobées

Prêt en 25 min environ | Pour : 4 personnes | Niveau de difficulté : Moyenne

Ingrédients :

- 4 feuilles de pâte feuilletée

- 400 gr de crème pâtissière à la vanille

- 2 poires coupées en deux

- 1 œuf battu

- 1 cuillère à café de cannelle moulue

- 2 cuillères de sucre

Préparation :

1. Placez les tranches de pâte feuilletée sur un plan de travail, déposez une cuillerée de crème pâtissière à la vanille au centre de chacune d'elles et fermez-les.

2. Arrosez les poires avec l'œuf, saupoudrez-les de sucre et de cannelle, placez-les dans le panier de l'AirFryer et faites-les cuire pendant quinze minutes à 160°.

3. Divisez et servez.

4. Bon appétit !

Valeurs nutritionnelles : Calories : 200, Lipides : 2g, Fibres : 1g, Glucides : 14g, Protéines : 3g.

46. Rouleaux à la cannelle et trempette au fromage

Prêt en 2 heures et 15 min environ| Pour : 8 personnes| Niveau de difficulté : Moyenne

Ingrédients :

- 455 gr de la pâte à pain

- 150 gr de sucre brun

- 1 cuillère de cannelle moulue

- 60 gr de beurre fondu

Pour la sauce Dip :

- 2 cuillères de beurre

- 112 gr de crème de fromage

- 200 gr de sucre

- 16 gr d'extraits de vanille

Préparation :

1. Etalez la pâte sur une planche farinée, formez un rectangle et badigeonnez-la de beurre.

2. Mélangez la cannelle et le sucre dans une tasse, mélangez et saupoudrez sur la pâte, formez un rouleau de pâte et fermez-le, puis coupez en huit petits morceaux.

3. Laissez-les lever pendant deux heures, puis placez-les dans le panier de l'AirFryer, chauffez pendant 5 minutes à 180°, retournez-les, chauffez-les pendant 4 minutes, puis placez-les dans un bol.

4. Mélangez le fromage frais dans un bol avec le beurre, le sucre, la vanille et mélangez bien.

5. Placez la pâte à tartiner au fromage frais sur le dessus de vos roulés à la cannelle.

6. Bon appétit !

Valeurs nutritionnelles : Calories : 200, Lipides : 1g, Fibres : 0g, Glucides : 5g, Protéines : 6g.

47. Dessert avec pâte à pain et macaron

Prêt en 22 min environ | Pour : 12 personnes |
Niveau de difficulté : Moyenne

Ingrédients :

- 455 gr de pâte à pain

- 200 gr de sucre

- 100 gr de beurre

- 200 gr de crème

- 350 gr de pépites de chocolat

- 2 cuillères de liqueur d'amaretto

Préparation :

1. Roulez la pâte à pain, coupez-la en 20 bandes et divisez-les en deux par tranche.

2. Trempez les morceaux de pâte dans le beurre, arrosez-les de miel et placez-les dans votre bol ;

après les avoir badigeonnés de beurre, faites-les cuire dans le panier de l'AirFryer à 180° pendant 5 minutes. Retournez-les, faites-les cuire pendant 3 minutes, puis placez-les sur un plat de service.

3. Faites chauffer une casserole à feu moyen avec la crème épaisse, ajoutez les pépites de chocolat, puis remuez jusqu'à ce qu'elles soient fondues.

4. Incorporez la liqueur, transférez dans un bol et servez les petits pains avec la sauce.

5. Bon appétit !

Valeurs nutritionnelles : Calories : 200 Lipides : 1g, Fibres : 0g, Glucides : 6g, Protéines : 6g.

48. Pain au pudding

Prêt en 1 heure et 10 min environ | Pour : 4 personnes | Niveau de difficulté : Moyenne

Ingrédients :

- 6 beignets glacés et émiettés

- 200 gr de cerises

- 4 jaunes d'œufs

- 230 gr de lait fouetté

- 100 gr raisin sec

- 50 gr de sucre

- 100 gr de pépites de chocolat

Préparation :

1. Mélangez le jaune d'œuf avec la crème fouettée dans un bol et mélangez bien.

2. Mélangez les raisins secs dans un autre bol avec le sucre, les pépites de chocolat et remuez.

3. Mélangez les deux préparations, placez-les sur une plaque à pâtisserie adaptée à l'AirFryer et faites-les cuire pendant 1 heure à 310° F.

4. Avant de couper, laissez refroidir et servez.

5. Bon appétit !

Valeurs nutritionnelles : Calories : 302, Lipides : 8g, Fibres : 2g, Sucre : 23g, Protéines : 10g.

Chapitre 8. Recettes pour le déjeuner

49. Toast végétarien

Prêt en 25 min environ | Pour : 4 personnes |
Niveau de difficulté : Moyenne

Ingrédients :

- 1 poivron rouge, coupé en fines bandes

- 200 gr de champignons cremini

- 1 citrouille jaune, hachée

- 2 oignons verts, coupés en tranches

- 1 cuillère d'huile d'olive

- 4 tranches de pain

- 2 cuillères de beurre mou

- Fromage de chèvre émietté

Préparation :

1. Dans un bol, mélangez le poivron rouge avec
les champignons, la courge, les oignons verts et

l'huile, remuez, transférez dans votre AirFryer, faites cuire à 180 °C pendant 10 minutes, en secouant la friteuse une fois, et transférez dans un bol.

2. Étalez le beurre sur les tranches de pain, placez-les dans votre AirFryer et faites-les cuire à 180° pendant 5 minutes.

3. Répartissez le mélange de légumes sur chaque tranche de pain, recouvrez de fromage émietté et servez pour le déjeuner.

4. Bon appétit !

Valeurs nutritionnelles : Calories : 152, Lipides : 3g, Fibres : 4g, Glucides : 7g, Protéines : 2g.

50. Champignons farcis

Prêt en 25 min environ| Pour : 4 personnes|
Niveau de difficulté : Moyenne

Ingrédients :

- 4 grosses têtes de champignons Portobello

- 1 cuillères d'huile d'olive

- 55 gr de ricotta

- 5 cuillères de parmesan râpé

- 200 gr de épinards

- 70 gr de chapelure

- 50 gr de romarin, haché

Préparation :

1. Frottez les têtes de champignons avec de l'huile, placez-les dans le panier de votre AirFryer et faites-les cuire à 180° pendant 2 minutes.

2. Pendant ce temps, dans un bol, mélangez la moitié du parmesan avec la ricotta, les épinards, le romarin et la chapelure et mélangez bien.

3. Farcissez les champignons avec ce mélange, saupoudrez avec le reste du parmesan, remettez-les dans le panier de votre AirFryer et faites-les cuire à 180° pendant 10 minutes.

4. Répartissez-les dans des assiettes et servez-les avec une salade d'accompagnement pour le déjeuner.

5. Bon appétit !

Valeurs nutritionnelles : Calories : 152, Lipides : 4g, Fibres : 7g, Glucides : 9g, Protéines : 5g.

Conclusion

Le fonctionnement de l'AirFryer est très similaire à celui d'un four traditionnel. Ils basent leur cuisson sur le mouvement de l'air chaud d'une manière très rapide. Comme pour les fours, nous pouvons utiliser les commandes de la friteuse et régler facilement la température et le temps de cuisson des aliments. La comparaison entre une friteuse à air et une friteuse à huile est similaire à la cuisson au four ou directement dans une poêle. Un processus est plus sain que l'autre mais d'un autre côté, il prend plus de temps. Et vous, avez-vous le temps de cuisiner ?